AF645141

KINDERLEICHT DANK FARBIGEM BECHERSET

HERZLICH WILLKOMMEN IN DER „KINDERLEICHTEN BECHERKÜCHE"!

Begeisterte Eltern und selbstbewusste Kinder: Kochen und Backen mit „Kinderleichte Becherküche" macht den Kleinen Spaß und erfüllt die Großen mit Stolz. Wenn Eltern erleben, wie motiviert ihre Jungs und Mädchen mit Bechern und Rezepten tolle Speisen zaubern, wird die „Kinderleichte Becherküche" schnell zum festen Bestandteil des Speiseplans für die Familie.

In meinem neuen Buch stehen nicht nur die 15 beliebtesten Rezepte – als kleines Extra findet ihr auch noch 5 brandneue Bonusrezepte. Alles wie immer mit klar strukturierten Bild-für-Bild-Anleitungen, dem farbigen Becherset – und der Becherküche-Gelinggarantie.

Zum ersten Mal habe ich in diesem Buch Koch- und Backrezepte kombiniert. Von süß bis salzig sowie von vegetarisch bis herzhaft ist für alle kleinen und großen Feinschmecker ein neues Lieblingsrezept dabei.

Ich wünsche euch und eurer Familie viel Spaß beim gemeinsamen Kochen und Backen.

Birgit Wenz

DIE HÖHLE DER LÖWEN

BEKANNT AUS DER VOX GRÜNDER-SHOW

AUS DER LÖWENHÖHLE IN KINDERHÄNDE

Das erste Backbuch der „Kinderleichten Becherküche" erschien schon 2013. Seitdem ist viel passiert – ein Höhepunkt war natürlich der erfolgreiche Auftritt in der Sendung die „Höhle der Löwen". Durch die Partnerschaft mit Löwe Ralf Dümmel – und durch eure Treue – konnten wir inzwischen schon 9 Back- und Kochbücher mit insgesamt über 100 Rezepten veröffentlichen. Zeit für ein Best of!

In „Best of Becherküche" findet ihr alle meine Lieblingsrezepte und die unserer Kunden. Da sind bestimmt auch eure Favoriten mit dabei.

Und solltet ihr ein Rezept vermissen: In unserem Downloadshop unter **https://shop.becherkueche.de/** werdet ihr bestimmt fündig.

Als kleines Dankeschön für die wunderbaren Jahre in der Becherküche, liegt diesem Set auch eine tolle Keksdose bei. Ideal um selbstgebackene Kekse, Plätzchen oder Muffins aufzubewahren und immer wieder zu naschen.

INHALT

KUCHEN UND MUFFINS

PLÄTZCHEN UND CO.

HAUPTGERICHTE

DESSERTS

SO FUNKTIONIERT DIE „KINDERLEICHTE BECHERKÜCHE"

Aufbau des Buches

Jedes der 20 Rezepte besteht aus einer Übersicht mit Zutaten- und Materialliste sowie einer mehrseitigen Schritt-für-Schritt-Bildanleitung – übersichtlich strukturiert und leicht verständlich.

Vorbereitung

Zutaten wie z.B. Mehl, Gewürze, Nudeln, oder Milch in ausreichender Menge bereitstellen, ohne diese vorher abzuwiegen bzw. abzumessen.
Beispiel:
Für 420 g Mehl einfach eine ganze Packung Mehl (1 kg) vorbereiten.
Fleisch, Würstchen und Gemüse: Stellen Sie Ihrem Kind genau die Menge zur Verfügung, die auf der Übersichtsseite des Rezeptes angegeben ist.

Das benötigte Material aus der Rezeptübersicht bereitstellen.

Anleiten des Kindes bzw. der Kinder

Der Erwachsene und das Kind betrachten den 1. Arbeitsschritt und besprechen diesen. Nachdem das Kind die Aufgabe verstanden hat, sollte es sie selbstständig ausführen. Die Aufgabe des Erwachsenen ist es, sich begleitend im Hintergrund zu halten und lediglich Hilfestellung zu geben, wenn das Kind allein nicht mehr weiterkommt. Mit den weiteren Arbeitsschritten wird ebenso verfahren. Beim Umgang mit Elektrogeräten muss das Kind jedoch sorgfältig von Erwachsenen beaufsichtigt werden. Bitte beachten Sie zudem die Bedienungsanleitungen der verwendeten Küchengeräte.

RATGEBER ZUTATEN

Milch
Stets zimmerwarme Milch verwenden, ca. 23 °C.

Mehl
Bei allen Rezepten wird Weizenmehl Type 405 verwendet.

Wasser
Immer lauwarmes Wasser verwenden, ca. 35 °C

Eier
Entsprechen der Größe M

Butter / Margarine
Die Butter frühzeitig vor dem Backen aus dem Kühlschrank nehmen. Bei Zimmertemperatur lässt sie sich einfacher verarbeiten und verbindet sich am besten mit den anderen Zutaten.

Kräuter
Es werden hauptsächlich getrocknete (gerebelte) Kräuter verwendet. Die Maßangabe der Löffel ist nicht für frische Kräuter geeignet.

ABMESSEN DER ZUTATEN

Mehl und Zucker

Zum einfachen Abmessen Mehl und Zucker in große Vorratsbehälter füllen. Den Becher gehäuft füllen. Anschließend mit einem Messer überschüssiges Mehl/Zucker einfach in den Vorratsbehälter abstreifen, damit der Becher randvoll gefüllt ist.

Weitere Zutaten

Den passenden Becher stets bis zum Rand füllen. Es gibt keinen Eichstrich oder Ähnliches.

HINWEISE

Vorsicht beim Umgang mit Elektrogeräten!

HIER STEHT DIE SICHERHEIT DES KINDES IM VORDERGRUND!

Es liegt im Ermessen des Erwachsenen, inwieweit das Kind selbstständig das Rührgerät oder den Gemüseschneider benutzen darf. Ebenso entscheidet der Erwachsene über den Umgang mit dem heißen Backofen. Bitte beachten Sie die Anweisungen in den Bedienungsanleitungen der jeweiligen Elektrogeräte hinsichtlich der Bedienung durch Kinder.

Teig kneten: Teig kneten, sowohl mit der Hand als auch mit dem Rührgerät, ist für Kinder oft schwer. Hier muss meist ein Erwachsener unterstützen.

Teig ausrollen: Manchmal ist es schwierig und erfordert viel Kraft, einen Teig dünn auszurollen. Unterstützung und Hilfe eines Erwachsenen sind hier wichtig.

Backofen: Die Temperatur des Backofens ist auf Ober- und Unterhitze ausgelegt. Der Rost oder das Backblech gehören immer in die unterste Schiene im Ofen.

Stäbchenprobe: Jeder Backofen ist anders und die Backzeit des Kuchens kann variieren. Ob er wirklich fertig ist, zeigt die Stäbchenprobe. Dafür wird mit einem Holzspieß in die Kuchenmitte gestochen. Kleben beim Herausziehen noch Teigreste am Stäbchen, muss der Kuchen noch einmal zurück in den Ofen. Ist das Stäbchen nach einer kurzen weiteren Backzeit sauber, ist der Kuchen gar und kann aus dem Backofen genommen werden.

Becherset: Das Becherset ist lebensmittelecht und spülmaschinengeeignet.

BEST of Becherküche

KUCHEN UND MUFFINS

KLEBE HIER
FOTOS DEINER
BACKWERKE
EIN!

APFELKUCHEN

Ergibt: 1 Blech • Zubereitungszeit: ca. 45 min • Backzeit: 30 min

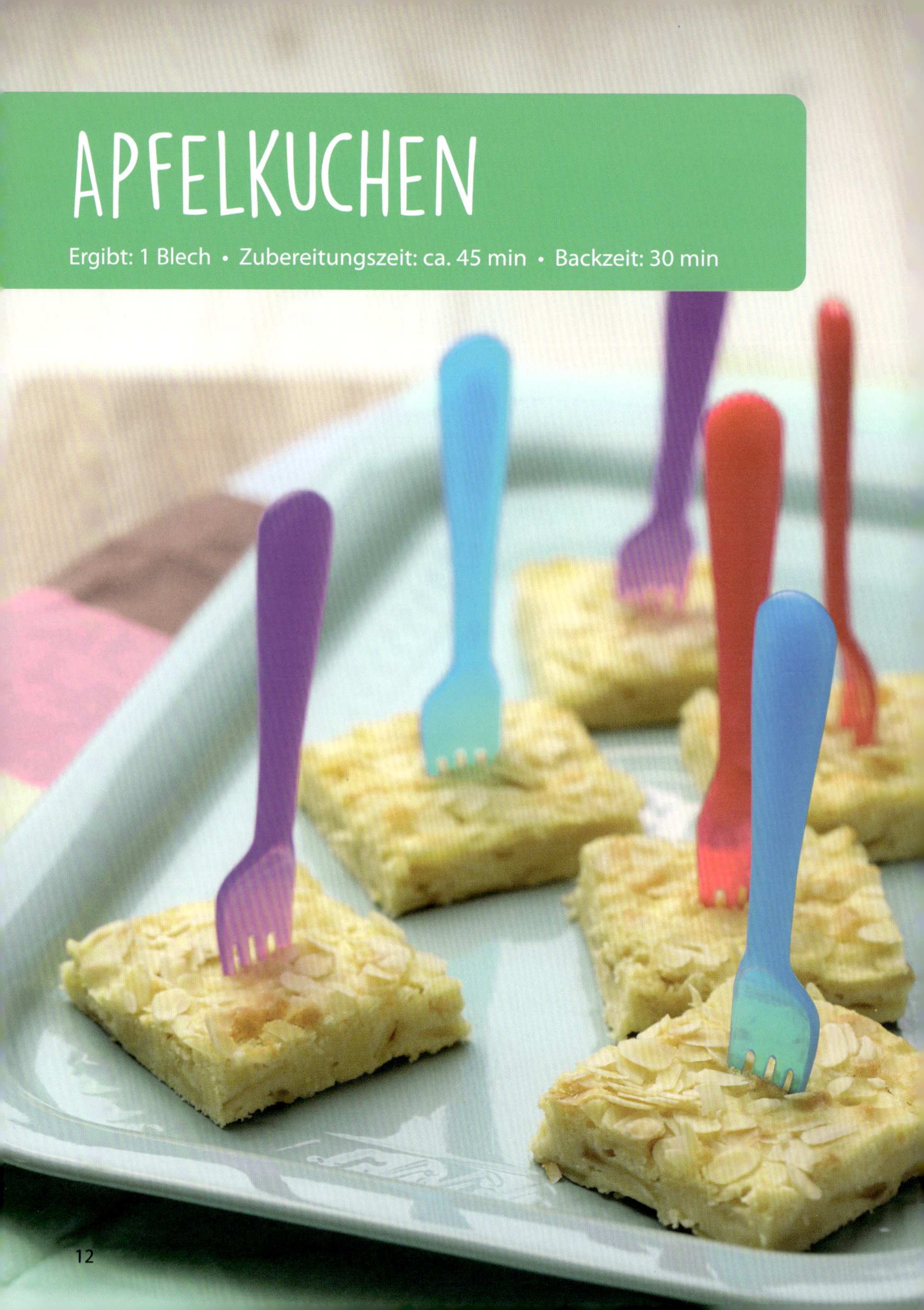

ZUTATEN

420 g Weizenmehl

200 g Zucker

250 g Margarine

6 Eier

100 g gehobelte Mandeln

2 Päckchen Vanillezucker

1 Zitrone

1 Päckchen Backpulver

6 Äpfel (ca. 1 kg)

MATERIAL

- Becherset
- Wecker
- Rührschüssel
- Glas zum Eiaufschlagen
- Rührgerät mit Rührbesen
- Messer und Löffel
- Obstmesser und -schäler
- Schere
- Zitronenpresse
- Backblech mit Backpapier
- Topflappen
- Schürze

1

Eine Packung Margarine in die Schüssel geben.

2

Zwei rote Becher Zucker auf die Margarine streuen.

3

Zwei Päckchen Vanillezucker hinzufügen.

4

Sechs Eier aufschlagen und in die Rührschüssel geben.

5

Die Zutaten mit dem Rührgerät mit Rührbesen 5 Minuten geschmeidig rühren.

6

Den Saft einer Zitrone in die Schüssel geben.

7

Sechs rote Becher Mehl
in die Schüssel geben.

8

Ein Päckchen Backpulver
auf das Mehl streuen.

9

Die Zutaten mit dem Rührgerät mit Rührbesen zu einem glatten Teig verrühren.

10

Sechs Äpfel schälen und das Kerngehäuse entfernen.

11

Die Äpfel in kleine Stücke schneiden und in die Schüssel geben. Die Apfelstückchen unterheben.

12

Den Backofen auf 180 °C Ober- / Unterhitze vorheizen.

13

Das Backblech mit Backpapier belegen.

14

Den Teig auf dem Backblech verteilen.

15

Zwei rote Becher Mandeln
auf den Teig streuen.

16

Das Blech in den Ofen schieben.
Den Wecker auf 30 Minuten einstellen
und den Kuchen backen.

17

Wenn der Wecker ertönt, den fertigen Kuchen mit Topflappen aus dem Ofen nehmen.

MARMORKUCHEN

Ergibt: 1 Kuchen • Zubereitungszeit: ca. 30 min • Backzeit: 60 min

ZUTATEN

420 g Weizenmehl

200 g Zucker

5 Eier

125 ml Wasser

250 ml Öl
(geschmacksneutral)

1 Packung Vanillezucker

Kakao

1 Päckchen Backpulver

MATERIAL

- Becherset
- Wecker
- Rührschüssel
- Glas zum Eiaufschlagen
- Rührgerät mit Rührbesen
- Messer, Gabel und Löffel
- Kastenform mit Backpapier
- Topflappen
- Schürze

1

Fünf Eier aufschlagen und in die Rührschüssel geben.

2

Ein Päckchen Vanillezucker hinzufügen.

3

Zwei rote Becher Zucker auf die Eier streuen.

4

Die Zutaten mit dem Rührgerät mit Rührbesen 5 Minuten schaumig schlagen.

5

Sechs rote Becher Mehl
dazugeben.

6

Ein Päckchen Backpulver in
die Schüssel geben.

7

Zwei rote Becher Öl in die Schüssel gießen.

8

Einen roten Becher Wasser dazugeben.

9

Alle Zutaten mit dem Rührgerät mit Rührbesen zu einem glatten Teig verrühren.

10

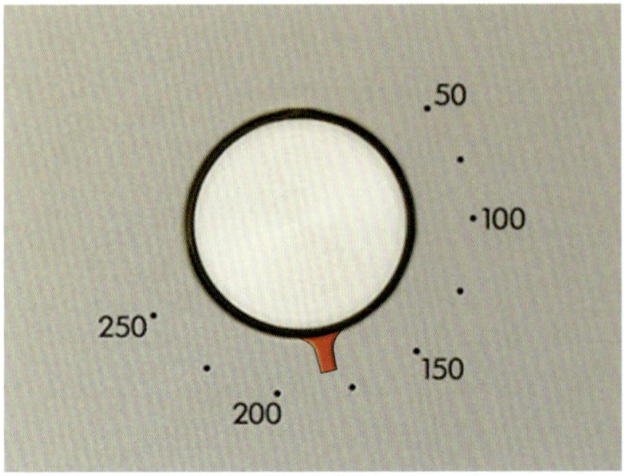

Den Backofen auf 180 °C Ober-/Unterhitze vorheizen.

11

Das Backpapier in die Kuchenform legen.

12

Die Hälfte des Teiges in die Backform füllen.

13

Einen orangen Becher Kakao in die Rührschüssel geben.

14

Den Kakao mit dem Teig verrühren.

15

Den dunklen Teig ebenfalls in die Form füllen.

16

Die Gabel spiralförmig durch den Teig ziehen, um ein Marmormuster zu erzielen.

17

Die Backform auf dem Rost in den vorgeheizten Backofen schieben. Den Wecker auf 60 Minuten einstellen und den Kuchen backen.

18

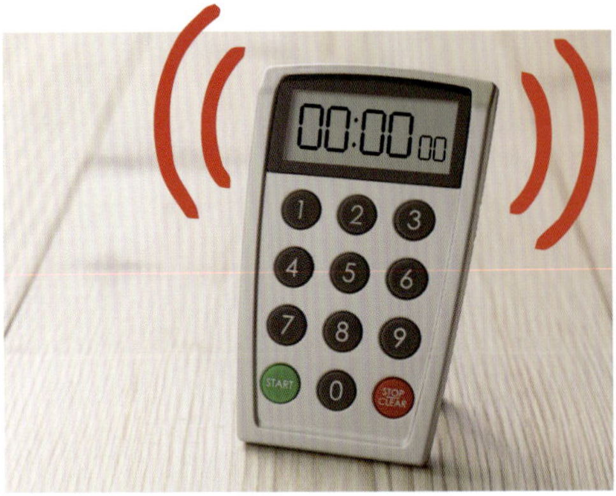

Wenn der Wecker ertönt, den fertigen Kuchen mit Topflappen aus dem Ofen nehmen.

STRANDKUCHEN

Ergibt: 1 Kuchen • Zubereitungszeit: ca. 50 min • Backzeit: 30 min

MATERIAL

- Becherset
- Wecker
- Rührschüssel
- Rührgerät mit Rührbesen
- Blech mit Backpapier
- Messer, Gabel, Löffel
- Glas zum Eiaufschlagen
- Schüssel für den Guss
- Schüssel für die Kuchenkrümel
- Topflappen
- Schürze

ZUTATEN

420 g Weizenmehl

200 g Zucker

5 Eier

125 ml Orangenlimonade

250 ml Öl
(geschmacksneutral)

1 Päckchen Backpulver

FÜR DEN GUSS

250 g Puderzucker

Zitronensaft

Blaue Lebensmittelfarbe

VERZIERUNG

Fruchtgummi
Meerestiere

Eisschirmchen

1

Fünf Eier aufschlagen und in die Rührschüssel geben.

2

Zwei rote Becher Zucker auf die Eier streuen.

3

Die Zutaten mit dem Rührgerät mit Rührbesen 5 Minuten schaumig rühren.

4

Zwei rote Becher Öl hinzufügen.

5

Einen roten Becher Orangenlimonade in die Schüssel gießen.

6

Drei blaue Becher Mehl in die Schüssel geben.

7

Ein Päckchen Backpulver hinzufügen.

8

Alle Zutaten mit dem Rührgerät mit Rührbesen zu einem glatten Teig verrühren.

9

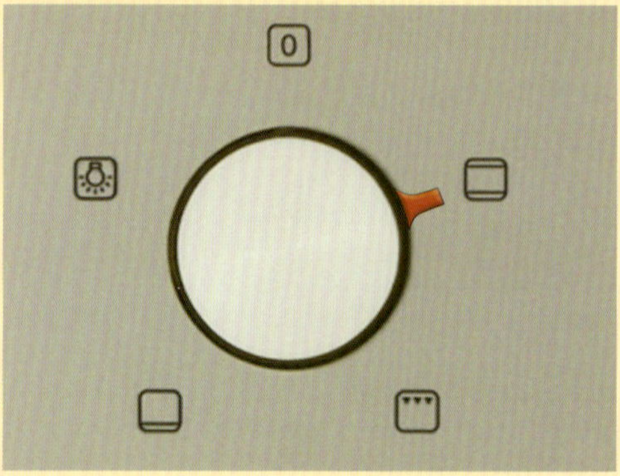

Den Backofen auf 180 °C Ober- / Unterhitze vorheizen.

10

Das Backpapier auf das Blech legen.

11

Den Teig auf das mit Backpapier belegte Blech gießen, gleichmäßig verteilen und glatt streichen.

12

Das Backblech in den vorgeheizten Ofen schieben. Den Wecker auf 30 Minuten einstellen und den Kuchen backen.

13

Wenn der Wecker ertönt, den fertigen Kuchen mit Topflappen aus dem Ofen nehmen und auskühlen lassen.

14

Eine Packung Puderzucker in die Schüssel geben.

15

Zwei orange Becher Zitronensaft hinzufügen.

16

Einen gelben Löffel blaue Lebensmittelfarbe in die Schüssel geben.

17

Die Zutaten mit der Gabel zu einer glatten, dicken Glasur rühren.

18

Mit dem Messer ein Stück vom Kuchen abschneiden. Dieses Kuchenstück in eine Schüssel zerbröseln.

19

Den blauen Zuckerguß auf dem Kuchen verteilen.

20

Auf den oberen Teil des Kuchens die Kuchenkrümel streuen.

21

Die Fruchtgummitiere auf dem Strand und im Meer verteilen.

22

Die Papierschirmchen in den Strand stecken. Fertig!

SCHMETTERLINGSKUCHEN

Ergibt: 1 Kuchen • Zubereitungszeit: ca. 60 min
Backzeit: 20 min • Ruhezeit: 3 Std.

MATERIAL

- Becherset
- Wecker
- 2 Rührschüsseln
- Glas zum Eiaufschlagen
- Rührgerät mit Rührbesen
- Messer
- Runde Kuchenform (26 cm)
- Kuchenplatte
- Tortenring
- Topflappen
- Schürze

ZUTATEN

70 g Mehl

100 g Zucker

3 Eier

1 Päckchen Pudding-pulver Vanille Geschmack

1 Päckchen Backpulver

FÜR DIE CREME:

2 Päckchen Vanille Zucker

400 ml Sahne

2 Päckchen Sahnesteif

9 Schaumküsse

Zitronensaft

500 g Magerquark

VERZIERUNG

Zebraröllchen

1

Drei Eier aufschlagen und in die Rührschüssel geben.

2

Einen roten Becher Zucker auf die Eier streuen.

3

5 MIN

Die Zutaten mit dem Rührgerät mit Rührbesen 5 Minuten schaumig rühren.

4

Einen roten Becher Mehl in die Schüssel geben.

5

Einen gelben Löffel Backpulver dazugeben.

6

Ein Päckchen Puddingpulver Vanille Geschmack in die Schüssel geben.

7

Alle Zutaten mit dem Rührgerät mit Rührbesen zu einem glatten Teig verrühren.

8

Den Backofen auf 180 °C Ober- / Unterhitze vorheizen.

9

Den Teig in die mit Backpapier belegte Form füllen und glatt streichen.

10

Die Form auf dem Rost in den vorgeheizten Ofen schieben. Den Wecker auf 20 Minuten einstellen und den Kuchen backen.

11

Wenn der Wecker ertönt, den fertigen Kuchen mit Topflappen aus dem Ofen nehmen und auskühlen lassen.

12

Zwei Becher Sahne in die Schüssel geben.

13

Zwei Päckchen Sahnesteif hinzufügen.

14

Die Zutaten mit dem Rührgerät mit Rührbesen schlagen, bis die Sahne steif ist.

15

Zwei Päckchen Vanille Zucker hinzufügen.

16

Eine Packung Speisequark in die Schüssel geben.

17

Zwei grüne Löffel Zitronensaft über die Zutaten gießen.

18

Mit dem Messer den Boden von den Schaumküssen trennen. Die Schaumkussmasse in die Schüssel geben.

19

Die Zutaten mit dem Rührgerät vermischen.

20

Den ausgekühlten Kuchen auf eine Tortenplatte geben und den Tortenring drum herum stellen.

21

Die Schaumkusscreme gleichmäßig auf dem Kuchen verteilen.

22

Den Kuchen 3 Stunden in den Kühlschrank stellen.

23

Wenn der Wecker ertönt, den Tortenring vom durchgekühlten Kuchen entfernen.

24

Die Schaumkusswaffeln mit dem Messer halbieren.

25

Aus je zwei Waffelhälften Schmetterlinge formen und den Kuchen damit verzieren.

26

Jeden Schmetterling mit Körper und Fühlern ausstatten. Fertig!

KUHFLECKENKUCHEN

NEU!

Ergibt: 1 Kuchen • Zubereitungszeit: ca. 30 min • Backzeit: 25 min

MATERIAL

- Becherset
- Wecker
- 2 Rührschüsseln
- Glas zu Eiaufschlagen
- Rührgerät mit Rührbesen
- Messer, Löffel
- Backblech mit Backpapier
- Topflappen
- Schürze

ZUTATEN

280 g Mehl

100 g Zucker

3 Eier

250 ml Öl

125 ml Milch

1 Päckchen Backpulver

15 g Kakao

Etwas Vanilleextrakt

FÜR DIE QUARKCREME:

500 g Magerquark

100 g Zucker

2 Eier

1 Päckchen Pudding-
pulver Vanille Geschmack

15 g Butter

30 ml Milch

1

Den Quark in die Schüssel geben.

2

Einen roten Becher Zucker hinzufügen.

3

Zwei Eier aufschlagen und in die Schüssel geben.

4

Zwei grüne Löffel Butter hinzufügen.

5

Ein Päckchen Puddingpulver dazu geben.

6

Einen orangen Becher Milch in die Schüssel gießen.

7

Alle Zutaten zu einem glatten Teig verrühren.

8

Zwei blaue Becher Mehl in die neue Schüssel geben.

9

Einen roten Becher Zucker hinzufügen.

10

Ein Päckchen Backpulver in die Schüssel geben.

11

Drei Eier aufschlagen und in die Schüssel geben.

12

Einen blauen Becher Öl über die Zutaten gießen.

13

Einen roten Becher Milch hinzufügen.

14

Einen gelben Löffel Vanille Extrakt in die Schüssel geben.

15

Zwei grüne Löffel Kakao dazu geben.

16

Alle Zutaten mit dem Rührgerät mit Rührbesen zu einem glatten Teig verrühren.

17

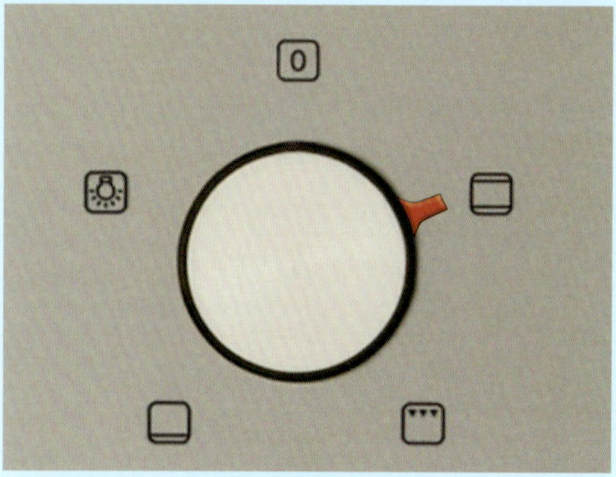

Den Backofen auf 180 °C Ober- / Unterhitze vorheizen.

18

Den braunen Teig auf das mit Backpapier belegte Blech gießen, gleichmäßig verteilen und glatt streichen.

19

Die Quarkmasse mit dem orangen Löffel wie Kuhflecken auf dem dunklen Teig verteilen.

20

Das Blech in den vorgeheizten Ofen schieben. Den Wecker auf 25 Minuten einstellen und den Kuchen backen.

21

Wenn der Wecker klingelt, den fertigen Kuchen mit Topflappen aus dem Ofen nehmen. Fertig!

NUSSMUFFINS

Ergibt: 12 Stück • Zubereitungszeit: ca. 40 min • Backzeit: 20 min

ZUTATEN

210 g Mehl

100 g Zucker

3 Eier

125 ml Öl

125 ml Wasser

25 g gemahlene Haselnüsse

50 g Kakaogetränkepulver

1 Päckchen Backpulver

MATERIAL

- Becherset
- Wecker
- Rührschüssel
- Glas zum Eiaufschlagen
- Rührgerät mit Rührbesen
- Messer, Löffel
- Muffinform mit Papierförmchen
- Schere
- Topflappen
- Schürze

1

Drei Eier aufschlagen und in die Rührschüssel geben.

2

Einen roten Becher Zucker auf die Eier streuen.

3

Die Zutaten mit dem Rührgerät mit Rührbesen 5 Minuten schaumig rühren.

4

Drei rote Becher Mehl in die Schüssel geben.

5

Zwei gelbe Löffel Backpulver dazugeben.

6

Einen roten Becher gemahlene Haselnüsse in die Schüssel geben.

7

Einen roten Becher Wasser dazugeben.

8

Einen roten Becher Öl in die Schüssel gießen.

9

Drei orange Becher Kakaogetränkepulver hinzufügen.

10

Alle Zutaten mit dem Rührgerät mit Rührbesen zu einem glatten Teig verrühren.

11

Den Backofen auf 180 °C Ober- / Unterhitze vorheizen.

12

Die Papierförmchen in die Muffin-Form legen.

13

Den Teig mit dem orangen Becher auf die Förmchen verteilen.

14

Die Form auf dem Rost in den vorgeheizten Ofen schieben. Den Wecker auf 20 Minuten einstellen und die Muffins backen.

15

Wenn der Wecker ertönt, die fertigen Muffins mit Topflappen aus dem Ofen nehmen. Fertig!

BEST of Becherküche

KEKSE UND PLÄTZCHEN

KLEBE HIER FOTOS DEINER PLÄTZCHEN EIN!

WEIHNACHTSPLÄTZCHEN

Ergibt: ca. 60 Stück • Zubereitungszeit: ca. 80 min • Backzeit: 13 min

ZUTATEN

420 g Weizenmehl

200 g Zucker

250 g Butter

2 Eier

Zuckerstreusel

MATERIAL

- Becherset
- Wecker
- Rührschüssel
- Glas zum Eiaufschlagen
- Backblech, Backpapier
- Nudelholz
- Messer, Gabel
- Ausstechformen
- Pinsel
- Schere
- Topflappen
- Schürze

1

Drei blaue Becher Mehl in die Schüssel geben.

2

Zwei rote Becher Zucker hinzufügen.

3

Die ganze Butter klein schneiden und in die Schüssel geben.

4

Ein Ei aufschlagen und hinzufügen.

5

Die Zutaten mit der Hand zu einem geschmeidigen Teig kneten.

6

Das Backblech mit Backpapier belegen.

7

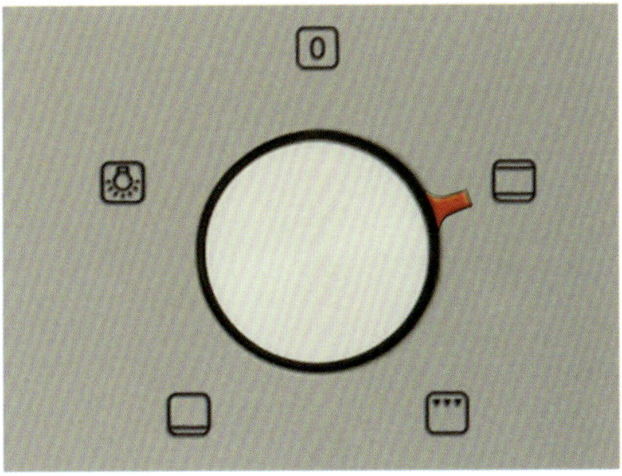

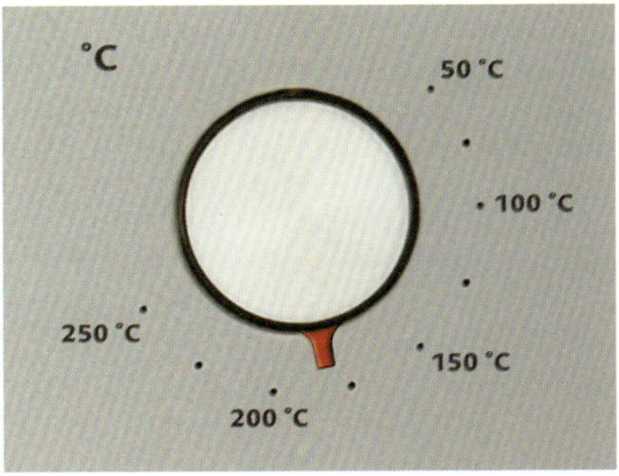

Den Backofen auf 180 °C Ober- / Unterhitze vorheizen.

8

Einen orangefarbenen Becher Mehl auf der Arbeitsfläche verteilen.

9

Den Teig mit dem Nudelholz ausrollen.

10

Die Plätzchen ausstechen und auf das Backblech legen.

11

Ein Ei aufschlagen und mit der Gabel verquirlen.

12

Die Plätzchen mit Ei bestreichen.

13

Die Plätzchen mit Zuckerstreusel verzieren.

14

Das Blech mit den Plätzchen in den Ofen schieben. Den Wecker auf 13 Minuten einstellen und die Plätzchen backen.

15

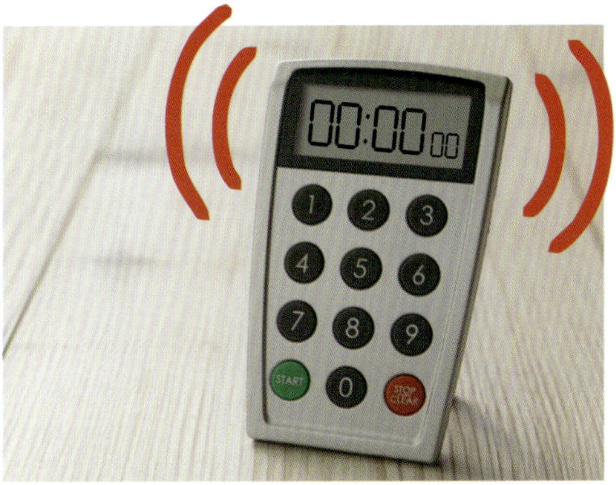

Wenn der Wecker ertönt, das Blech mit den gebackenen Plätzchen mit Topflappen aus dem Ofen nehmen. Fertig!

SCHOKOLINSENPLÄTZCHEN

Ergibt: ca. 40 Stück • Zubereitungszeit: ca. 60 Minuten • Ruhezeit: 60 Minuten
Backzeit: 13 min

ZUTATEN

280 g Mehl

100 g Zucker

250 g Butter

1 Ei

2 Päckchen Vanillezucker

100 g gemahlene Mandeln

Schokolinsen

MATERIAL

- Becherset
- Wecker
- Schüssel
- Glas zum Eiaufschlagen
- Messer
- Backblech mit Backpapier
- Topflappen
- Schürze

1

Vier rote Becher Mehl in die Schüssel geben.

2

Einen roten Becher Zucker auf das Mehl streuen.

3

Zwei Päckchen Vanillezucker in die Schüssel geben.

4

Die ganze Butter klein schneiden und hinzufügen.

5

Sechs orangefarbene Becher gemahlene Mandeln in die Schüssel geben.

6

Ein Ei aufschlagen und hinzufügen.

7

Den Teig so lange kneten, bis eine glatte Teigkugel entstanden ist.

8

Den Teig in den Kühlschrank stellen. Den Wecker auf 60 Minuten einstellen und den Teig solange kühlen.

9

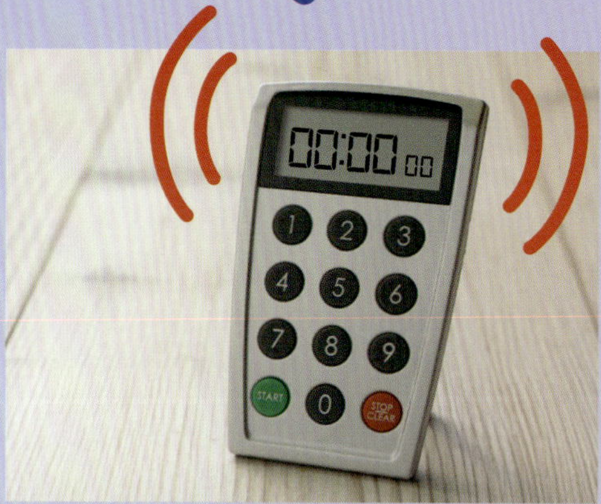

Wenn der Wecker ertönt, den Teig aus dem Kühlschrank nehmen.

10

Das Backblech mit Backpapier belegen

11

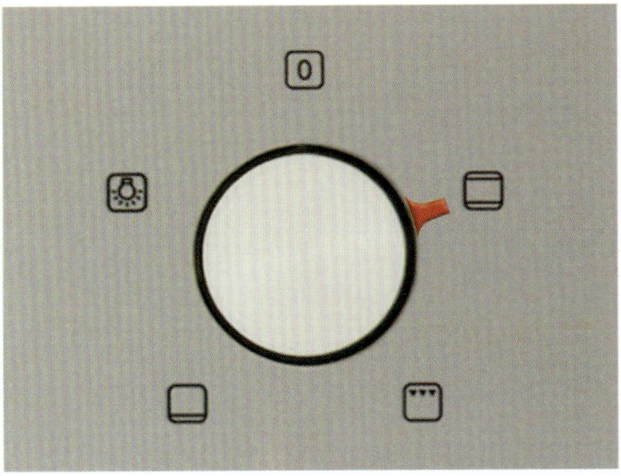

Den Backofen auf 180 °C Ober-/ Unterhitze vorheizen.

12

Aus dem Teig Kugeln formen und diese auf das Backblech legen.

13

Die Plätzchen mit Schokolinsen verzieren.

14

Das Blech mit den Plätzchen in den Ofen schieben. Den Wecker auf 13 Minuten einstellen und die Plätzchen backen.

15

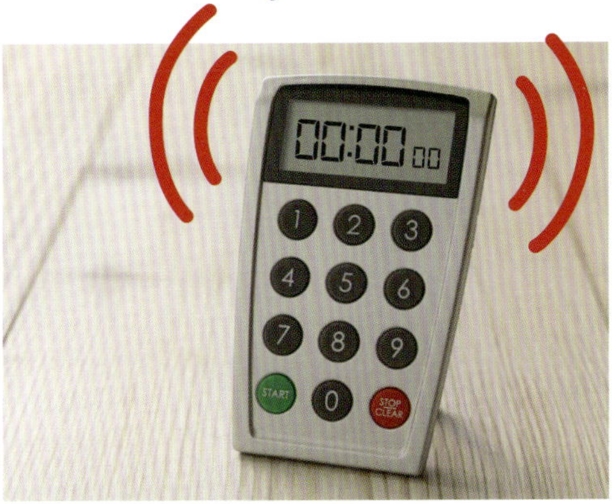

Wenn der Wecker ertönt, das Blech mit den gebackenen Schokolinsenplätzchen mit Topflappen aus dem Ofen nehmen.
Fertig!

WAFFELN

Ergibt: ca. 10 Stück • Zubereitungszeit: 10 min • Backzeit: 3 min

ZUTATEN

280 g Weizenmehl

100 g Zucker

3 Eier

2 Becher Crème fraîche a' 150g

125 ml Milch

1 Päckchen Backpulver

Puderzucker

MATERIAL

- Becherset
- Rührschüssel
- Glas zum Eiaufschlagen
- Rührgerät, Rührbesen
- Waffeleisen
- Messer, Gabel, Löffel
- Topflappen
- Schürze

1

Zwei Becher Crème fraîche in die Rührschüssel geben.

2

Einen roten Becher Zucker hinzufügen.

3

Drei Eier aufschlagen und in die Schüssel geben.

4

Zwei blaue Becher Mehl hinzufügen.

5

Einen gelben Löffel Backpulver hinzufügen.

6

Einen roten Becher Milch in die Schüssel gießen.

7

Die Zutaten mit dem Rührgerät mit Rührbesen zu einem glatten Teig verrühren.

8

Teig in das Waffeleisen gießen und den Deckel des Gerätes schließen.

9

Die gebackene Waffel mit einer Gabel aus dem Waffeleisen nehmen und auf einen Teller legen.

10

Die Waffel mit Puderzucker bestäuben. Fertig!

BEST of Becherküche

HAUPT-GERICHTE

KLEBE HIER FOTOS DEINER GERICHTE EIN!

KARTOFFELSUPPE

Ergibt: Portion für 4-6 Personen • Zubereitungszeit: 30 min • Kochzeit: 25 min

ZUTATEN

5 große Kartoffeln
ca. 800 g

2 große Karotten
ca. 200 g

1750 ml Wasser

Salz

Gekörnte Gemüsebrühe

60 ml Sahne

MATERIAL

- Becherset
- Wecker
- Großer Topf mit Deckel
- Sparschäler
- Schneidebrett mit Messer
- Pürierstab
- Schürze

1

Fünf große Kartoffeln schälen.

2

Zwei große Karotten schälen und die Enden abschneiden.

3

Die Kartoffeln klein schneiden und in den Topf geben.

4

Die Karotten klein schneiden und in den Topf geben.

5

Sieben blaue Becher Wasser in den Topf schütten.

6

Den Topf mit Deckel auf die Herdplatte stellen und das Gemüse 25 Minuten weich kochen.

7

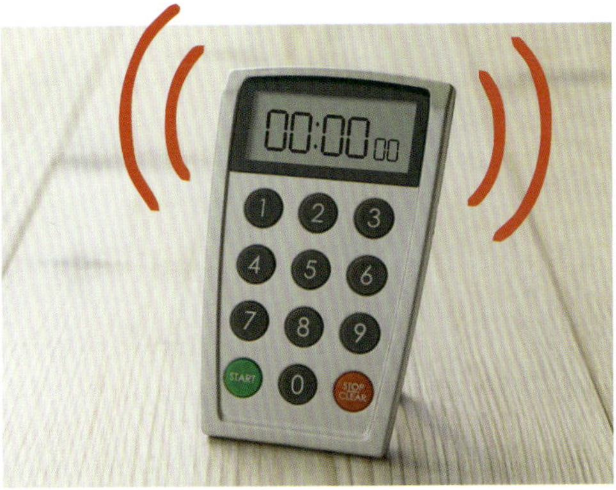

Wenn der Wecker ertönt, den Topf von der Herdplatte nehmen und den Deckel beiseitelegen.

8

Zwei gelbe Löffel Salz in den Topf schütten.

9

Zwei grüne Löffel gekörnte Gemüse-
brühe in den Topf geben.

10

Zwei orange Becher Sahne in den
Topf gießen.

Mit dem Stabmixer die
Suppe pürieren.
Fertig!

LASAGNE

NEU!

Ergibt: Portion für 4-6 Personen • Zubereitungszeit: 30 min • Backzeit: 40 min

ZUTATEN

500 g Lasagneplatten ohne Vorkochen

400 g Hackfleisch

1000 ml passierte Tomaten

Zwiebeln granuliert

Gemüsebrühe gekörnt

Dill getrocknet

Oregano getrocknet

Salz

150 g Saure Sahne

200 g geriebener Käse

60 ml Sahne

Etwas Butter

MATERIAL

- Becherset
- Wecker
- Schüssel
- Löffel
- Schere
- Auflaufform
- Topflappen
- Schürze

1

Die passierten Tomaten in die Schüssel geben.

2

Zwei gelbe Löffel Zwiebel granuliert hinzufügen.

3

Einen grünen Löffel gekörnte Gemüsebrühe dazu geben.

4

Einen gelben Löffel Salz in die Schüssel geben.

5

Einen grünen Löffel Oregano hinzufügen.

6

Zwei gelbe Löffel Dill dazu geben.

7

Einen Becher Saure Sahne in die Schüssel geben.

8

Zwei orange Becher Sahne in die Schüssel gießen.

9

Das Hackfleisch in kleinen Portionen hinzufügen.

10

Die Zutaten mit einem Löffel vermischen.

11

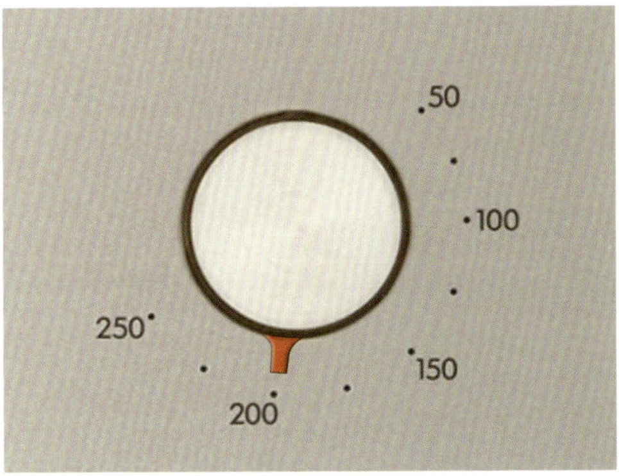

Den Backofen auf 200 °C Ober- / Unterhitze vorheizen.

12

Die Auflaufform mit einem grünen Löffel Butter einfetten.

13

Eine Schicht Lasagneplatten in die Form legen.

14

Etwas Soße auf die Nudelplatten geben und mit dem Löffel verteilen.

15

Abwechselnd die Lasagneplatten und Bolognesesauce einschichten und mit der Sauce abschließen.

16

Den Käse auf der Lasagne verteilen.

17

Die Auflaufform in den vorgeheizten Backofen schieben. Den Wecker auf 40 Minuten einstellen und die Lasagne backen.

18

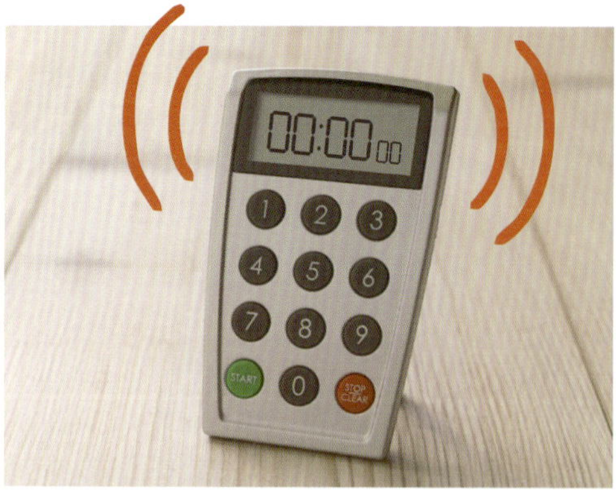

Wenn der Wecker klingelt, die Lasagne mit Topflappen aus dem Ofen nehmen und servieren. Fertig!

NUDELAUFLAUF MIT SCHINKEN

Ergibt: Portion für 4 Personen • Zubereitungszeit ca. 30 min • Backzeit 45 min

ZUTATEN

250 g Nudeln
(Penne Kochzeit 11 Minuten)

200 g gekochter Schinken

200 g geriebener Gouda

200 ml Sahne

500 ml Wasser lauwarm

2 Eier

Salz

Italienische Kräuter

MATERIAL

- Becherset
- Wecker
- Rührschüssel
- Schneidebrett mit Messer
- Gabel
- Löffel
- Glas zum Eiaufschlagen
- Auflaufform
- Topflappen
- Schürze

1

Zwei Eier aufschlagen und in die Schüssel geben.

2

Die Eier mit der Gabel verquirlen.

3

Einen Becher Sahne in die Schüssel gießen.

4

Vier rote Becher lauwarmes Wasser hinzufügen.

5

Einen gelben Löffel Salz in die Schüssel geben.

6

Einen grünen Löffel italienische Kräuter hinzufügen.

7

Den gekochten Schinken klein schneiden und in die Schüssel geben.

8

Einen blauen Becher geriebenen Käse hinzufügen.

9

Drei blaue Becher rohe Nudeln in die Schüssel geben.

10

Alle Zutaten mit dem Löffel verrühren.

11

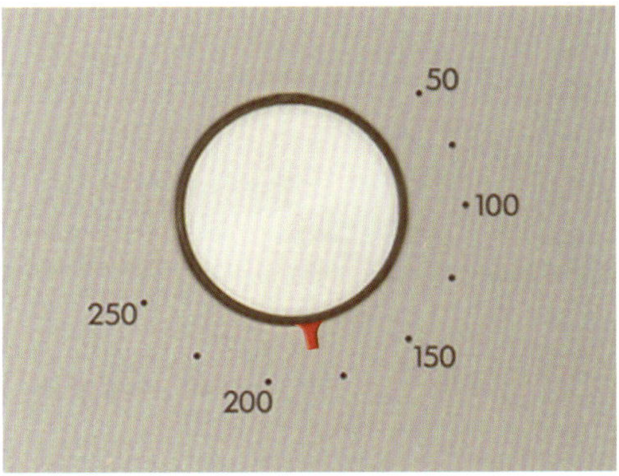

Den Backofen auf 180 °C Ober-/
Unterhitze vorheizen.

12

Die Nudelmasse in die
Auflaufform geben.

13

Einen blauen Becher geriebenen Käse auf die Nudelmasse streuen.

14

Die Auflaufform mit der Nudelmasse auf dem Backgitter in den Ofen schieben. Den Wecker auf 45 Minuten einstellen.

15

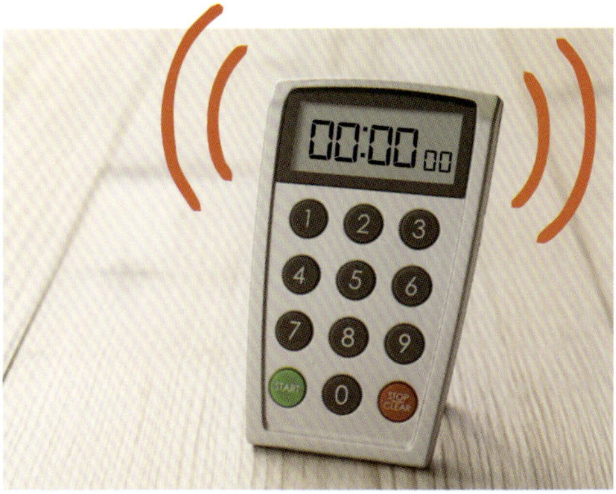

Wenn der Wecker ertönt, die Form mit dem gebackenen Nudelauflauf mit Topflappen aus dem Ofen nehmen. Fertig!

FRIKADELLEN/ BURGER PATTIES

Ergibt: 9 Stück • Zubereitungszeit: ca. 30 min • Backzeit: 30 min

ZUTATEN

500 g Hackfleisch

1 Zwiebel

1 Ei

Senf

Ketchup

Wasser

50 g Paniermehl

Paprikapulver

Salz

Petersilie gerebelt

MATERIAL

- Becherset
- Wecker
- Rührschüssel
- Glas zum Eiaufschlagen
- Schneidebrett mit Messer
- Backblech mit Backpapier
- Topflappen
- Schürze

1

Die Zwiebel schälen, in kleine Würfel schneiden und in die Schüssel geben.

2

Ein Ei aufschlagen und hinzufügen.

3

Einen grünen Löffel Petersilie darüber streuen.

4

Vier grüne Löffel Wasser in die Schüssel gießen.

5

Drei gelbe Löffel Paprikapulver in die Schüssel geben.

6

Einen gelben Löffel Salz in die Schüssel streuen.

7

Zwei grüne Löffel Senf hinzufügen.

8

Drei grüne Löffel Ketchup dazugeben.

9

Einen roten Becher Paniermehl in die Schüssel streuen.

10

Das Hackfleisch hinzufügen.

11

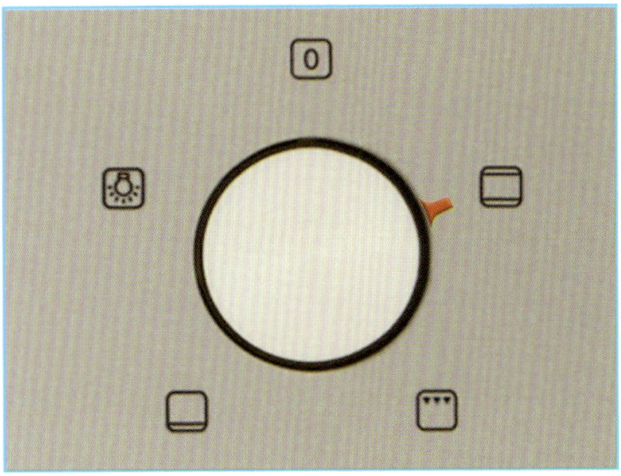

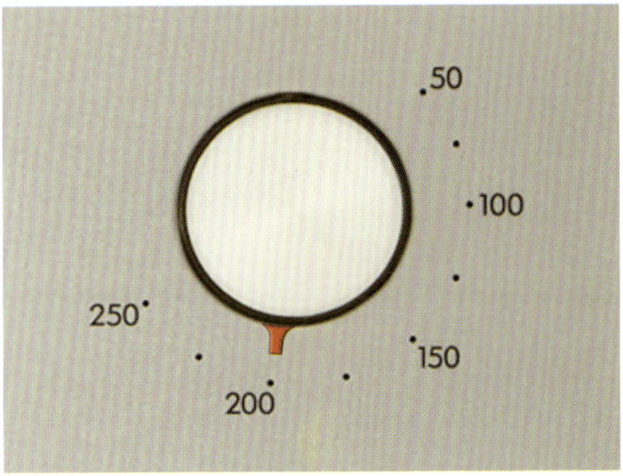

Den Backofen auf 200 °C Ober-/ Unterhitze vorheizen.

12

Alle Zutaten mit dem Hackfleisch vermischen, bis ein glatter Fleischteig entstanden ist.

13

Die Hackfleischmasse in 9 gleich große Portionen teilen.

14

Jede Fleischportion im blauen Becher zu einer Frikadelle formen.

15

Das Blech mit den Frikadellen in den Ofen schieben. Den Wecker auf 30 Minuten einstellen.

16

Wenn der Wecker ertönt, das Blech mit den gebackenen Frikadellen mit Topflappen aus dem Ofen nehmen. Fertig!

PIZZA SMILIES

Ergibt: 12 Stück • Zubereitungs-/Ruhezei: ca. 60 min • Backzeit: 30 min

ZUTATEN

420 g Mehl

1 Würfel Hefe

60 ml Olivenöl

Zucker

Salz

250 ml lauwarmes Wasser

500 ml Tomatensoße

200 g geriebener Käse

VERZIERUNG
Gerne können Sie die Pizzen mit Ihren Lieblingszutaten belegen

MATERIAL

- Becherset
- Wecker
- Rührschüssel
- Tuch zum Abdecken
- Rührgerät mit Knethaken
- Messer und Löffel
- Schere
- Backblech mit Papier
- Topflappen
- Schürze

1

Einen Würfel Hefe zerbröseln und in die Schüssel streuen.

2

Einen gelben Löffel Zucker in die Schüssel geben.

3

Zwei rote Becher lauwarmes Wasser über die Hefe gießen.

4

Sechs rote Becher Mehl hinzufügen.

5

Zwei gelbe Löffel Salz
in die Schüssel geben.

6

Zwei orange Becher Öl
auf das Mehl gießen.

7

Alle Zutaten mit dem Rührgerät mit Knethaken 5 Minuten vermischen und zu einem festen, glatten Teig rühren.

8

Die Schüssel mit einem Tuch bedecken. Den Wecker auf 30 Minuten einstellen und den Teig so lange ruhen lassen.

9

Wenn der Wecker ertönt, den Teig aus der Schüssel nehmen.

10

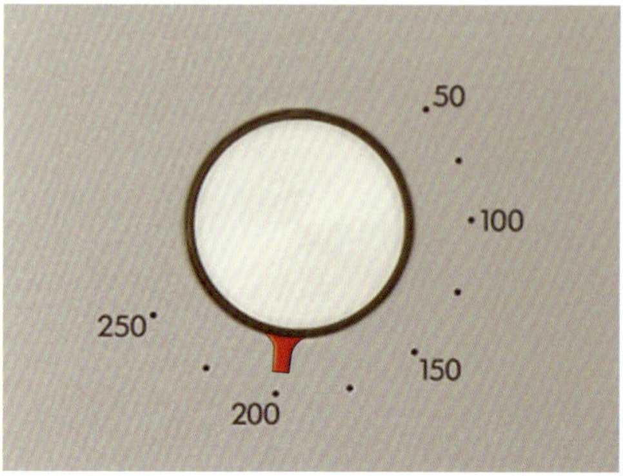

Den Backofen auf 200 °C Ober- / Unterhitze vorheizen.

11

Den Teig auf die Arbeitsfläche legen und in 12 gleich große Stücke teilen.

12

Die Teiglinge auf das mit Backpapier belegte Backblech legen und flach drücken.

13

Auf jeder Mini-Pizza einen orangen Becher Tomatensoße verteilen.

14

Den geriebenen Käse auf den Pizzen verteilen und je nach Geschmack mit weiteren Zutaten belegen.

15

Das Blech mit den Mini-Pizzen
in den Ofen schieben.
Den Wecker auf 30 Minuten einstellen
und die Pizzen backen.

VERZIERUNG

Gerne können Sie die Pizzen mit Ihren Lieblingszutaten belegen

16

Wenn der Wecker ertönt, die
gebackenen Mini-Pizzen auf dem
Blech mit Topflappen aus dem
Ofen nehmen.

KARTOFFELPUFFER

NEU!

Ergibt: 6-8 Stück • Zubereitungszeit: ca. 30 min

ZUTATEN

1 kg (ca.10 Stück) mehlig kochende Kartoffeln

1 Ei

Etwas Mehl

Salz

Öl

MATERIAL

- Becherset
- Sparschäler
- Schüssel
- Glas zum Eiaufschlagen
- Hobel
- Handtuch
- Waffeleisen
- Pinsel
- Gabel
- Schürze

1

Die Kartoffeln schälen.

2

Die Kartoffeln in Streifen reiben.

3

Mit einem sauberen Küchentuch die Kartoffeln auswringen.

4

Die Kartoffelstreifen in die Schüssel geben.

5

Zwei grüne Löffel Mehl hinzufügen.

6

Einen gelben Löffel Salz dazu geben.

7

Ein Ei aufschlagen und in die Schüssel geben.

8

Alle Zutaten mit der Hand vermischen.

9

Einen gelben Löffel Öl in das vorgeheizte Waffeleisen geben.

10

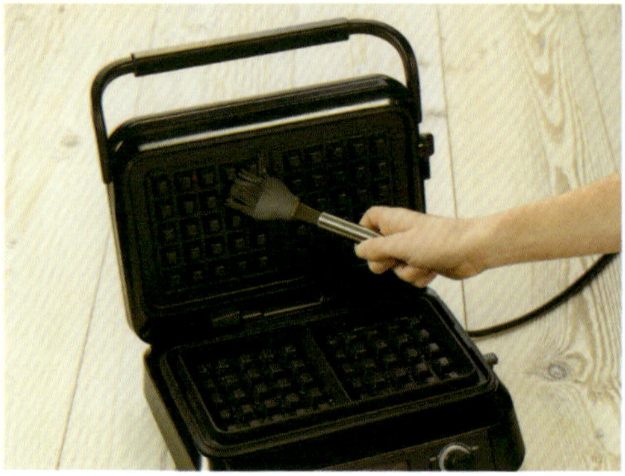

Das Öl mit dem Pinsel verteilen.

11

Die Kartoffelmasse mit der Gabel im Waffeleisen verteilen.
Die Kartoffelpuffer knusprig backen.

12

Die fertigen Kartoffelpuffer mit der Gabel vorsichtig aus dem Waffeleisen herausnehmen. Fertig!

POTATOES

Ergibt: Portion für 4-6 Personen • Zubereitungszeit: ca. 30 Minuten
Backzeit: 30 min

ZUTATEN

1,5 kg Kartoffeln

90 ml Olivenöl

Salz

Paprikapulver

Kräuter der Provence

MATERIAL

- Becherset
- Wecker
- Rührschüssel
- Löffel
- Schneidebrett mit Messer
- Backblech mit Backpapier
- Topflappen
- Schürze

1

Drei orangefarbene Becher Olivenöl in die Schüssel geben.

2

Einen gelben Löffel Salz darüber streuen.

3

Zwei gelbe Löffel Paprikapulver in die Schüssel geben.

4

Einen grünen Löffel Kräuter der Provence hinzufügen.

5

Die Zutaten mit einem Löffel verrühren.

6

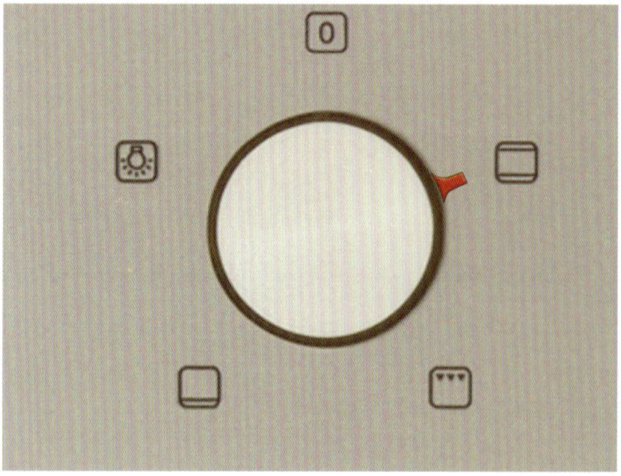

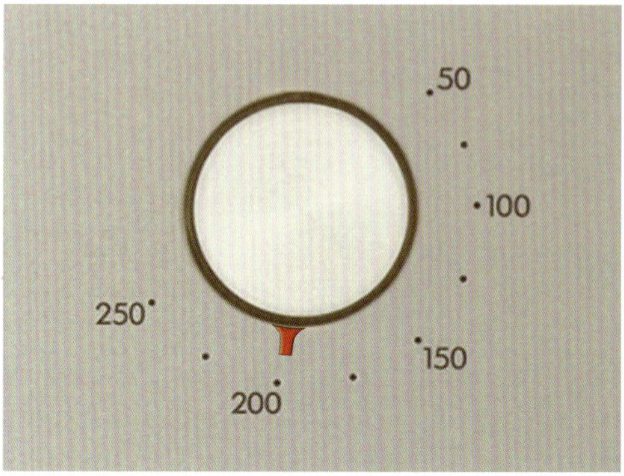

Den Backofen auf 200 °C Ober-/ Unterhitze vorheizen.

7

Die Kartoffeln in Spalten schneiden und in die Schüssel geben.

8

Die Kartoffeln mit der Öl-Gewürz-Masse vermischen.

9

Die Kartoffeln auf dem mit Backpapier belegten Backblech verteilen.

10

Das Blech mit den Potatoes in den Ofen schieben. Den Wecker auf 30 Minuten einstellen.

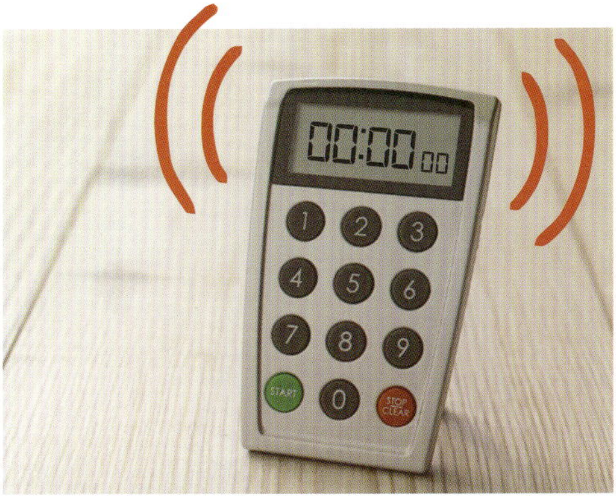

Wenn der Wecker ertönt, das Blech mit den gebackenen Potatoes mit Topflappen aus dem Ofen nehmen. Fertig!

CHICKEN NUGGETS

Ergibt: 20 Stück • Zubereitungszeit: 30 Minuten • Backzeit: 30 min

ZUTATEN

500 g Hähnchenbrustfilets

70 g Mehl

2 Eier

120 g Cornflakes

Salz

Paprikapulver

MATERIAL

- Becherset
- Wecker
- 3 tiefe Teller
- Schneidebrett mit Messer
- Messer und Gabel
- Gefrierbeutel
- Backblech mit Backpapier
- Glas zum Eiaufschlagen
- Topflappen
- Schürze

1

Einen roten Becher Mehl in einen Teller schütten.

2

Zwei Eier aufschlagen und in einen weiteren Teller geben.

3

Einen gelben Löffel Salz auf das Ei geben.

4

Einen gelben Löffel Paprikapulver dazu geben.

5

Die Eier mit den Gewürzen verquirlen.

6

Sechs rote Becher Cornflakes in den Gefrierbeutel füllen.

7

Die Cornflakes mit der Hand zerbröseln und in einen weiteren Teller schütten.

8

Das Hähnchenbrustfilet in Stücke schneiden.

9

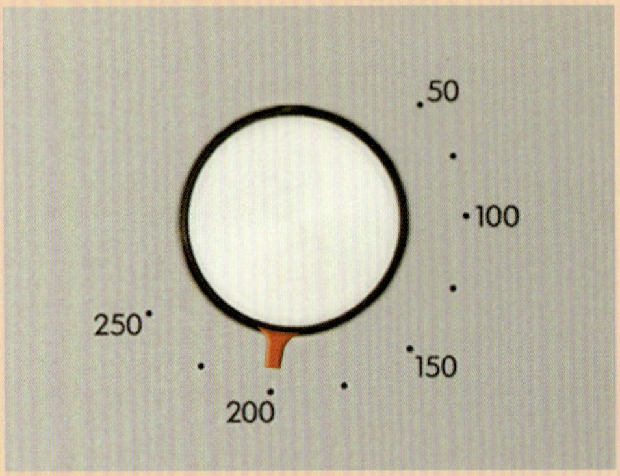

Den Backofen auf 200 °C Ober-/ Unter-hitze vorheizen.

10

Das Backblech mit Backpapier belegen.

11

Alle Fleischstücke im Mehl wenden und auf der Arbeitsfläche ablegen.

12

Jedes mit Mehl bedeckte Stück Fleisch in der Eimasse wenden…

13

…und mit der Cornflakespanade bedecken.

14

Alle panierten Fleischstücke auf das mit Backpapier belegte Blech legen.

15

Das Blech in den Ofen schieben. Den Wecker auf 25 Minuten einstellen und die Chicken Nuggets im Ofen garen.

16

Wenn der Wecker ertönt, das Blech mit den gebräunten Chicken Nuggets mit Topflappen aus dem Ofen nehmen. Fertig!

WÜRSTCHEN IM SCHLAFROCK

Ergibt: 16 Stück • Zubereitungszeit: ca. 45 min • Ruhezeit: 30 min
Backzeit: 15 min

ZUTATEN

210 g Mehl

5 g Zucker

1 Päckchen Trockenhefe

60 ml Wasser

Salz

2 Eier

30 ml Sonnenblumenöl

8 Wiener Würstchen

MATERIAL

- Becherset
- Wecker
- Rührschüssel
- Glas zum Eiaufschlagen
- Rührgerät mit Knethaken
- Messer und Gabel
- Pinsel
- Tuch zum Ruhen
- Schneidebrett mit Messer
- Backblech mit Backpapier
- Topflappen
- Schürze

1

Einen gelben Löffel Trockenhefe in die Rührschüssel geben.

2

Einen gelben Löffel Zucker darüberstreuen.

3

Zwei orangefarbene Becher lauwarmes Wasser hinzufügen.

4

Mit dem gelben Löffel die Zutaten verrühren.

5

Drei rote Becher Mehl in die Schüssel geben.

6

Zwei Prisen Salz hinzufügen.

7

Ein Ei aufschlagen und in die Schüssel geben.

8

Einen orangefarbenen Becher Öl darüber gießen.

9

Alle Zutaten mit dem Rührgerät mit Knethaken 5 Minuten vermischen.

10

Die Schüssel mit einem Tuch abdecken. Den Wecker auf 30 Minuten einstellen und den Teig so lange ruhen lassen.

11

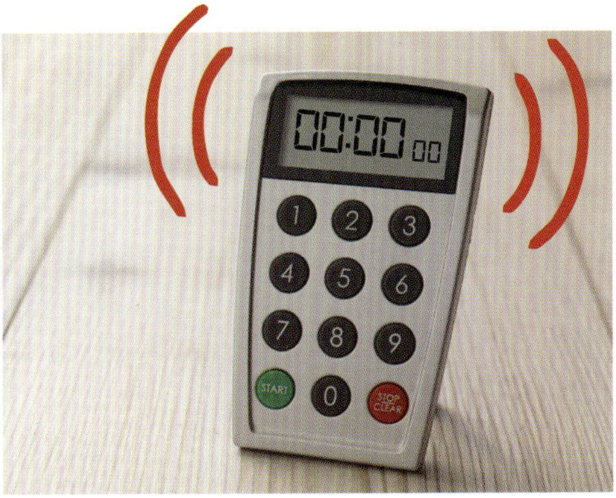

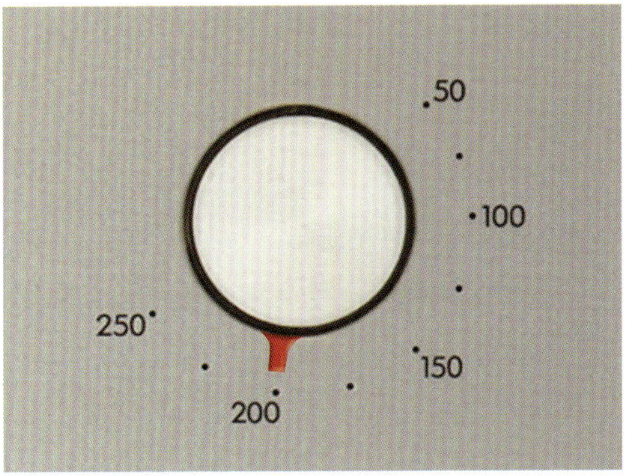

Wenn der Wecker ertönt, den Backofen auf 200 °C Ober-/ Unterhitze vorheizen.

12

Alle Wiener Würstchen halbieren.

13

14

Den Teig in 16 gleich große Stücke teilen.

Jedes Teigstück zu einer langen Schlange rollen.

15

Die Wiener Würstchen mit der Teigschlange umwickeln und auf das mit Backpapier belegte Blech legen.

16

Ein Ei aufschlagen und mit der Gabel verquirlen.

17

Die Teigschlange mit dem Ei bestreichen.

18

Das Blech mit den Würstchen im Schlafrock in den Ofen schieben. Den Wecker auf 15 Minuten einstellen und die Würstchen im Schlafrock backen.

19

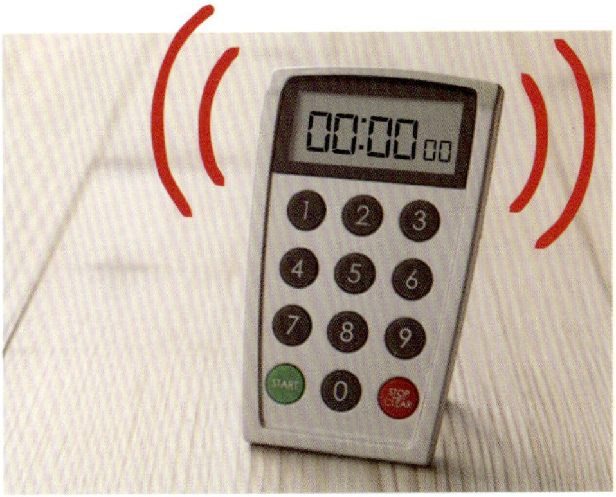

Wenn der Wecker ertönt, die gebackenen Würstchen im Schlafrock mit Topflappen aus dem Ofen nehmen. Fertig!

BEST of Becherküche

DESSERTS

KLEBE HIER
FOTOS DEINER
DESSERTS
EIN!

ARME-RITTER-AUFLAUF

Ergibt: Portion für 4-6 Personen • Zubereitungszeit: ca. 20 min
Ruhezeit: 120 min • Backzeit: 40 min

NEU!

ZUTATEN

250 g Knödelbrot, oder altbacken Brötchen gewürfelt

250 ml Milch

125 ml Sahne

5 Eier

60 g Zucker

Etwas Zimt

Etwas Butter

ZUTATEN FÜR DIE VANILLE SOßE:

250 ml Milch

1 Packung Dessert Soße ohne Kochen Vanille Geschmack

MATERIAL

- Becherset
- Wecker
- 2 Schüsseln
- Glas zum Eiaufschlagen
- Löffel
- Schneebesen
- Auflaufform
- Schürze
- Topflappen

1

Einen blauen Becher Milch in die Schüssel geben.

2

Einen roten Becher Sahne hinzufügen.

3

Zwei orange Becher Zucker dazu geben.

4

Einen gelben Löffel Zimt in die Schüssel geben.

5

Fünf Eier aufschlagen und in die Schüssel geben.

6

Die Zutaten mit einem Schneebesen aufschlagen.

7

Sechs blaue Becher Brotwürfel hinzufügen.

8

Die Brotwürfel mit einem Löffel unterheben.

9

Die Auflaufform mit einem grünen Löffel Butter einfetten.

10

Die Brotmasse in die Form geben und verteilen.

11

Die Form abdecken und die Brotmasse 2 Stunden durchziehen lassen.

12

Wenn der Wecker klingelt, das Tuch von der Form nehmen.

13

Den Backofen auf 180 °C Ober-/ Unterhitze vorheizen.

14

Die Form auf dem Rost in den Ofen schieben. Den Wecker auf 40 Minuten einstellen und den Auflauf backen.

15

Einen blauen Becher Milch in die Schüssel geben.

16

Ein Päckchen Dessert Soße ohne Kochen hinzufügen.

17

Die Zutaten mit einem Schneebesen aufschlagen.

18

Wenn der Wecker klingelt, den fertigen Auflauf mit Topflappen aus dem Ofen nehmen und mit der Vanillesoße servieren. Fertig!

APFELMUS-DESSERT

NEU!

Ergibt: Portion für 6 Personen • Zubereitungszeit ca. 40 min • Backzeit: 20 min

ZUTATEN

140 g Mehl

100 g Zucker

4 Eier

1 Päckchen Backpulver

Etwas Butter

1 Glas Apfelmus
Füllmenge ca. 720 g

400 ml Sahne

2 Päckchen Sahnesteif

2 Päckchen Vanille Zucker

Schokoraspel

MATERIAL

- Becherset
- Wecker
- Rührschüssel
- Glas zum Eiaufschlagen
- Rührgerät mit Schaumschläger
- Löffel
- Schneebesen
- Auflaufform
- Topflappen
- Schürze

1

Einen roten Becher Zucker in die Schüssel geben.

2

Vier Eier aufschlagen und hinzufügen.

3

Die Zutaten mit dem Rührgerät mit Rührbesen 5 Minuten schaumig rühren.

4

Einen gelben Löffel Backpulver dazu geben.

5

Einen blauen Becher Mehl in die Schüssel geben.

6

Mit dem Schneebesen das Mehl vorsichtig unterheben.

7

Den Backofen auf 180 °C Ober-/ Unterhitze vorheizen.

8

Die Auflaufform mit etwas Butter einfetten.

9

Den Teig in die Form gießen, gleichmäßig verteilen und glatt streichen.

10

Die Form auf dem Rost in den vorgeheizten Ofen schieben. Den Wecker auf 20 Minuten einstellen und den Kuchen backen.

11

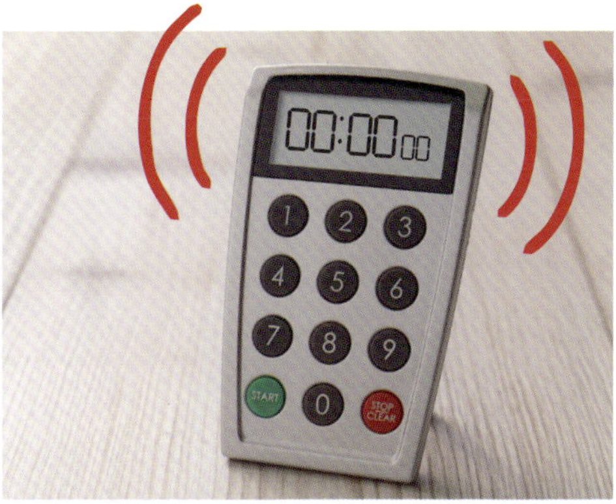

Wenn der Wecker ertönt, die Form mit Topflappen aus dem Ofen nehmen und auskühlen lassen.

12

Das Apfelmus gleichmäßig auf dem ausgekühlten Biskuitboden verteilen.

13

Zwei Becher Sahne in die Schüssel geben.

14

Zwei Päckchen Sahnesteif hinzufügen.

15

Zwei Päckchen Vanille Zucker hinzufügen.

16

Die Zutaten mit dem Rührgerät mit Rührbesen schlagen, bis die Sahne steif ist.

17

Die Sahne auf dem Apfelmus verteilen und glatt streichen.

18

Das Dessert mit Raspel Schokolade verzieren. Fertig!

Autorin
Birgit Wenz

Verlag
Stefan Wenz – Becherkueche.de
79288 Gottenheim
info@becherkueche.de
www.becherkueche.de

Vermarktung & Vertrieb
DS Produkte GmbH
Stormarnring 14
22145 Stapelfeld
www.dspro.de

Layout
Goldfieber Werbeagentur, Freiburg
www.goldfieber.com

Fotografie
Flashpointstudio GbR, Freiburg
www.flashpointstudio.de

Bildnachweise
Umschlag - Katie Harp

Küchenstudio
MAIER KÜCHEN GmbH
www.maier-kuechen.de

1. Auflage September 2021
ISBN 978-3-9820151-5-6